*Hello,
Papa Francesco!*

photo

Nam Shik Baik, Bernardo
L'OSSERVATORE ROMANO Vatican City
Chul Ho Kim, Stepano

헬로, 프란치스코
Hello, Papa Francesco!

초판 1쇄 찍은날 2014년 7월 25일
초판 1쇄 펴낸날 2014년 7월 28일

기획 K★Stage
사진 백남식, 로세르바토르 로마노, 김철호

펴낸이 최윤정
펴낸곳 도서출판 나무와숲 | **등록** 2001-000095
주소 서울특별시 송파구 올림픽로 336 1704호(방이동, 대우유토피아빌딩)
전화 02)3474-1114 | **팩스** 02)3474-1113 | e-mail : namuwasup@namuwasup.com

ISBN 978-89-93632-34-7   03660

* 이 책의 무단 전재 및 복제를 금지하며, 글이나 이미지의 전부 또는 일부를 이용하려면
  반드시 저작권자와 도서출판 나무와숲의 서면 허락을 받아야 합니다.

* 잘못 만들어진 책은 구입하신 서점에서 바꿔 드립니다.

주여,
나를 평화의 도구로 써 주소서.

미움이 있는 곳에 사랑을, 다툼이 있는 곳에 용서를,
분열이 있는 곳에 일치를, 의혹이 있는 곳에 믿음을,
오류가 있는 곳에 진리를, 절망이 있는 곳에 희망을,
어둠에 빛을, 슬픔이 있는 곳에 기쁨을
가져오는 자 되게 하소서.

위로받기보다는 위로하고 이해받기보다는 이해하며,
사랑받기보다는 사랑하게 하여 주소서.

우리는 줌으로써 받고 용서함으로써 용서받으며
자기를 버리고 죽음으로써 영생을 얻기 때문입니다.

성 프란치스코의 〈평화의 기도〉

폭력과 전쟁은 결코 평화의 길이 아닙니다!
용서와 대화와 화해야말로 평화의 언어입니다!

우리 그리스도인은 진리의 봉사자로 행동해야지,
진리의 주인처럼 행동해서는 안 됩니다.

교회는 가난해져야 하고,
성직자들은 가난한 이들에게 다가가야 합니다.

만일 우리 공동체가 언제나 뜻이 잘 통하는 우리끼리만 이야기한다면,
더 이상 생명의 공동체가 아닙니다.

여러분은 무엇을 하고 계십니까?
아무 일도 하지 않고 있는 자기 자신부터 되돌아보십시오.

다른 이들을 위한 희생을 두려워하지 마세요.
미래를 겁먹은 눈으로 바라보지 마세요.
지평선 끝에는 언제나 빛이 있습니다.

언젠가 공항에서 나이 많은 기업가가 화물이 늦게 나온다고 화내는 걸 보았습니다.
그 노인을 보면서 '저 사람은 노년의 지혜를 모르는구나' 하고 생각했습니다.
마치 오랜 세월 속에서 숙성된 고급 포도주가 아니라
오래 두어서 맛이 간 시큼한 포도주 같았습니다.

여러분의 미래는 이 소중한 한 해 한 해를 어떻게 살아가느냐에 달려 있습니다.

거짓, 은폐, 위선이 난무하는 사회는 삶의 기본이 되는 신뢰를 잃은 사회입니다.
신뢰보다 더 혁명적인 것은 이 세상에 없습니다.

수백만 명이 매일 굶주림으로 고통받는데도
차를 마시며 고상하게 신학을 논하는 것은 심각한 문제입니다.
현재의 경제위기는 경제 문제가 아니라
사람보다 돈을 우선시하는 가치의 문제입니다.

낙담하지 말고 믿음을 잃지 마세요.
희망이 사라져 버리게 하지 마세요.
상황은 바뀔 수 있고, 사람도 바뀔 수 있습니다.

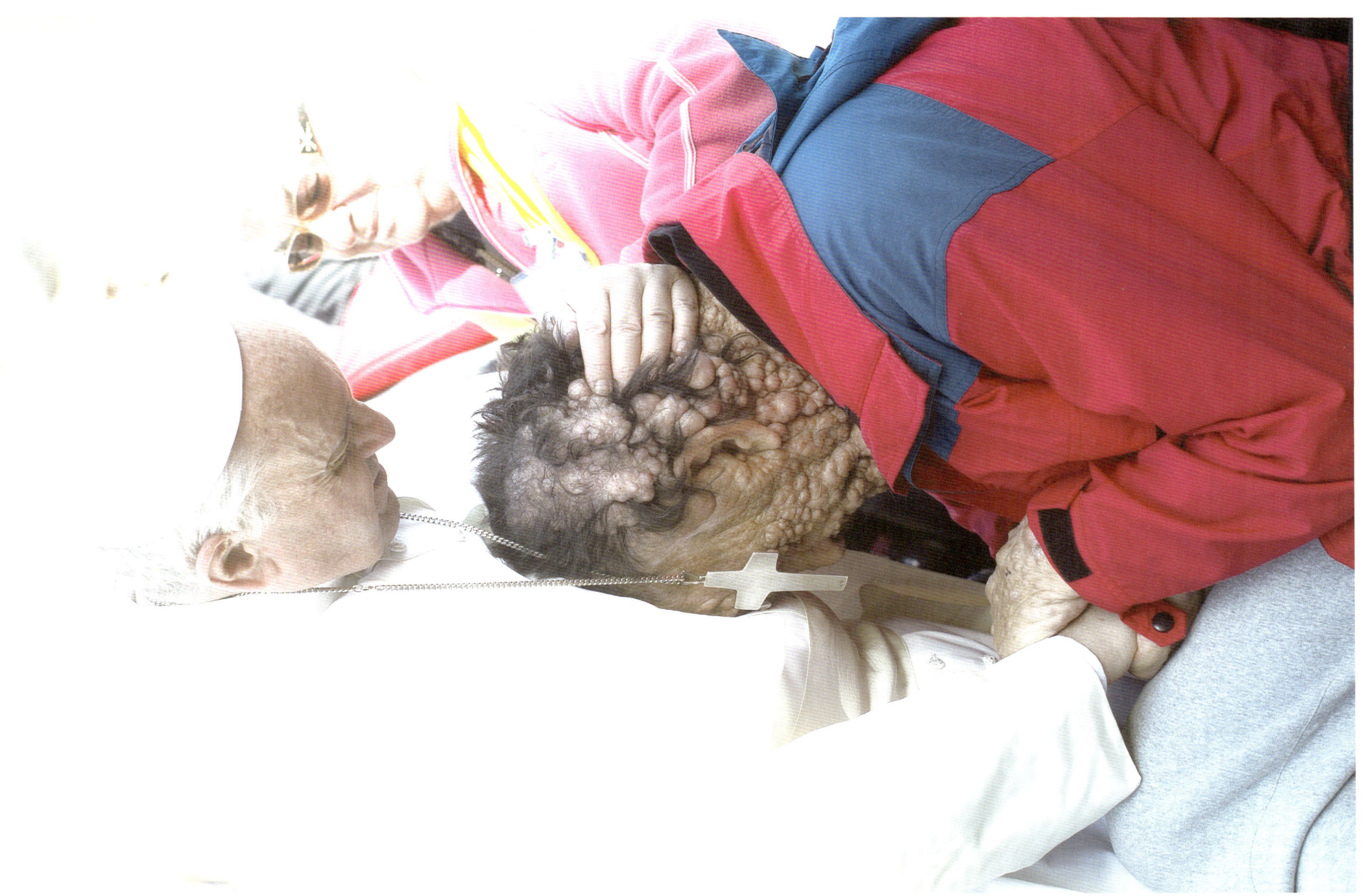

지금 우리는 어떤 세상을 아이들에게 남겨주려고 하는 걸까요?
아니, 우리는 도대체 이 세상에 어떤 아이들을 배출하려고 하는 걸까요?

학교가 인위적 인간성을 만들고 인위적 사회를 만들기 위해
그 요령을 가르치는 곳이어서는 안 됩니다.
학교는 희망을 키워 주는 공간이어야 합니다.

가난에 맞서 싸워야 합니다.
이를 회피하고 무시하는 사회에는 평화와 행복이 찾아오지 않습니다.

역류를 거슬러 헤쳐가기를 두려워하지 마세요.

우리는 우리 자신에게서 나아가야 합니다.
우리 공동체 밖으로 눈을 돌려야 합니다.
우리 밖의 불쌍하고 힘없는 이웃을 위해 행동하고 보살펴야만 합니다.

금송아지를 숭배하는 비인간적인 삶이 부쩍 늘어나고 있습니다.
많은 사람들이 경제의 지배를 받아
인간의 존엄성을 잃어버린 채 살아가고 있습니다.

자유란 우리의 행동을 반성할 줄 안다는 말입니다.
선과 악을 평가할 줄 안다는 말입니다.
언제나 선을 선택한다는 뜻입니다.

놀랍게도 우리는 예전보다 훨씬 더 많은 정보를 가지고 있습니다.
그럼에도 어디서 무슨 일들이 벌어지고 있는지 잘 모르고 있습니다.

하느님이 위험을 무릅쓰고 우리를 자유로운 사람으로 창조했다면
지금 그 자유인을 간섭하려는 자는 도대체 누구입니까?

교회도 거리로 나가야 합니다.
불평등과 맞서 싸워야 합니다.

아시아의 평화, 특히 한반도의 평화를 간절히 빕니다.
한반도에서 불화가 극복되고 화해의 정신이 자라나기를 바랍니다.

요즘은 목자가 아흔아홉 마리 양을 놔두고
길 잃은 한 마리 양을 찾아나서는
성경 속 비유와 정반대 상황이 벌어지고 있습니다.

자녀들이 방황하고 꼬인다고 무조건 다그치지 마세요.
시간을 주세요.

다른 사람을 위해 시간을 내십시오.

교회가 손에 흙을 묻히는 것을 주저해서는 안 됩니다.

이 세상에는 불법 거래로 무기를 팔아먹기 위한 상업적인 전쟁이 존재합니다.
이것은 우리가 함께 뭉쳐 맞서 싸워야 할 적입니다.

정치란 가장 높은 형태의 자선입니다.
공공의 선에 봉사하기 때문입니다.
좋은 가톨릭 신자라면 정치에 관여해야 합니다.
통치자들이 제대로 다스리게 해야 합니다.

가난한 자는 힘든 일을 하면서 박해를 받습니다.
그런데 부자는 정의를 실천하지 않으면서 갈채를 받습니다.

일상의 본분에, 공부에, 일에, 친구 관계에
다른 사람을 돕는 일에 몰두하십시오.

험담은 처음엔 사탕처럼 달콤하고 재미있다고 느낄지 모르지만
결국에는 스스로 불쾌해지고 독이 되어 돌아옵니다.

종교를 믿지 않는다면 스스로의 양심에 따라서 살면 됩니다.

거리로 나가서 파장을 일으키세요.
교회도 거리로 나가길 바랍니다.

음식을 버릴 때마다
가난하고 굶주린 사람의 식탁에 있는 것을
훔치는 것임을 기억합시다.

우리 각자는 평화의 중재자가 될 수 있습니다.
분열시키지 말고, 증오심을 끊어 버리며, 새로운 벽을 만들지 말고,
화합과 대화의 길을 만들어야 합니다.

두려워하지 말고 결단력 있게 행동하세요.
겁내지 마세요.

그리스도인은 가난한 사람들에 대해서 말만 하는 사람이 돼서는 안 됩니다.
그들을 만나고, 그들을 똑바로 보고, 그들을 어루만져 주는 사람입니다.

여러분의 이상을 땅속에 묻어두지 마세요.
겁내지 말고 위대한 꿈을 꾸세요.